Robert de Montesquiou

L'Inextricable Graveur

Rodolphe Bresdin

PARIS
H. FLOURY, ÉDITEUR
1, Boulevard des Capucines, 1
1913

L'Inextricable Graveur

Rodolphe Bresdin

JUSTIFICATION

IL A ÉTÉ TIRÉ DE CET OUVRAGE
160 EXEMPLAIRES
DONT 150 NUMÉROTÉS DE 1 A 150
ET 10 NON NUMÉROTÉS.

Robert de Montesquiou

L'Inextricable Graveur

Rodolphe Bresdin

PARIS
H. FLOURY, ÉDITEUR
1, Boulevard des Capucines, 1
1913

A

RODIN

Cher et Illustre Maître,
votre légitime et magnifique avènement
honorera d'un regard,
à la fois respectueux et apitoyé,
l'histoire émouvante et singulière
de ce confrère douloureux,
flagellé par l'injustice et par les peines...
mais que sa fierté soutenait
et que son art consola.

Robert de Montesquiou

I

CE fut, en quelque sorte, un Monticelli de l'encre de Chine, que Rodolphe Bresdin. Après le broyeur de fleurs, le broyeur de noir. Il remplace la multiplicité des touches du pinceau, par l'infinité des traits de la plume, et nous offre ainsi, au lieu d'un canevas merveilleusement émaillé de laines vives, une toile incroyablement embrouillée de fils obscurs.

C'est une tâche ingrate que de se faire le rapporteur d'une gloire ébauchée, et de chercher à mettre en plus nette lumière, des figures familières à la seule Elite. D'aucune part, on ne nous en sait gré. Ceux qui savouraient, entre *rare few*, une œuvre assez ignorée, seraient presque tentés de s'en déprendre, à la voir divulguer. Ils répétaient, après Baudelaire : « C'est le petit nombre des élus qui fait le Paradis ! »

Les autres, qui n'admettent pas que rien leur puisse être révélé, sitôt assimilés les documents dont ils ne savaient pas le premier mot, et que nous leur apportons de loin, au prix de cent efforts, font mine d'en avoir eu, de tout temps, les oreilles rebattues. Heureusement, ces plaisantes gageures n'ont rien à voir avec le juste et judicieux labeur qui consiste à rassembler les premiers et restreints éléments de critique, suscités par une renommée *in fieri* : un des plus nobles offices de nos lettres.

Une caractéristique des talents dont la forme un peu ésotérique nous occupe, c'est précisément d'avoir toujours eu, de leur vivant, un héraut, d'ailleurs inécouté. Et quand le grand méconnu meurt, il reste pour longtemps drapé dans le linceul d'art, que lui a tissé et brodé la seule clairvoyante pitié d'un contemporain magnanime.

Ce héraut, ce fut, pour Hello, d'Aurevilly; Baudelaire pour Guys.

Pour Bresdin, ce fut Banville.

Bien entendu, la notoriété devait aller, plutôt qu'aux pages supérieures que nous dirons — à un *factum* de moindre importance, dont l'écrivain, d'ailleurs, se vante de lui devoir, non seulement sa *réputation*, mais sa *carrière*.

« Ces contes — écrit Champfleury dans sa préface — qui ont décidé de la destinée de l'Auteur... » — Et plus loin : « Chien-Caillou, patronné par Victor Hugo, a fait, jadis, la fortune du livre; l'auteur ne l'a pas oublié et remercie ses amis connus ou inconnus, etc. »

Le badin conteur aurait bien pu tout d'abord, peut-être, remercier l'artiste vrai « l'esprit aux mille souterrains, creusé dans le roc, comme le tombeau d'un pharaon », selon l'expression de Banville; l'homme à l'âme profonde, qui lui fournit l'occasion de se tailler un petit succès dans un lambeau de ses prodiges. Mais le léger Champfleury est bien trop occupé à se faire valoir, plus ou moins naïvement, aux dépens du puissant Bresdin, qui n'en a cure, pour s'apercevoir de la monstrueuse maldonne qu'il prend sur soi d'accréditer et qui, une fois de plus, a comme surprenant, comme déplaisant effet d'illustrer le moucheron, au détriment du lion lumineux; de nous faire admirer, non loin d'un petit Mont Blanc, un Perrichon démesuré.

Tels sont les redressements dont il importe de rebouter à temps les opinions faussées, ce qu'on appelle un peu trop complaisamment : les légendes; de remettre à leur place respective ceux qui se sont assis autour du festin, au gré de leur gloriole ou de leur modestie. Et c'est peu, pour l'évangélique bonheur de dire à cette dernière : « Mon amie, montez plus haut ! » que d'assumer, de gaieté d'esprit et de cœur, le tri difficultueux et peu rémunérateur, des *disjecta membra* d'une renommée encore hésitante et diffuse.

Ceci dit, ayant bien établi qu'il fut longtemps plus qu'abusif de faire s'élever Chien-Caillou, et Champfleury lui-même, au-dessus du niveau de Bresdin, ramenons l'opuscule, trop vanté, à de plus exactes proportions, et laissons-lui proférer ce par quoi il vaut et prévaudra, c'est-à-dire le peu qu'il contient de la haute personnalité de son héros véritable et vénérable.

* * *

Chien-Caillou, on le sait (Champfleury ne le dit pas), n'est autre que la corruption à travers le langage des ateliers et le charabia des concierges, du nom de Chingackgook, un personnage de Cooper. Ce sobriquet, Bresdin semble l'avoir réellement reçu de ses camarades, au cours de son bref apprentissage chez les peintres. Une gravure de Bresdin porte, inscrit au mur d'un cabaret : « Chingakgouk, bon vin, sert à boire et à manger. »

La nouvelle, je ne fais que la rappeler ; elle est à lire, et pour beaucoup, elle est lue. Son début s'accuse du moins véridique : « Cette histoire si gaie, si folle, si amusante, aura germé toute gonflée de larmes, de faim, de misère, dans l'esprit de celui qui l'écrira plus tard. »

Il en résulte, titre deux fois glorieux, que Bresdin fut une sorte de Villon, compliqué de Verlaine. Dégageons-le de ces circonstances un peu trop « amusantes », et dont il ne paraît point que le récit l'ait *amusé* personnellement.

Bresdin-Chien-Caillou devenu graveur, après avoir débuté tanneur, habite « une chambre de quarante francs par an ». Elle est meublée d'un lit de miséreux et d'une échelle à « marches plates servant d'étagère » sur laquelle repose un rudimentaire attirail d'aquafortiste : quelques planches, des aiguilles fixées à des baguettes, et un pot de cirage pour tirer les épreuves. Un échelon est encore occupé par un lapin vivant, modèle et compagnon de Bresdin, qui lui valut ce nom de *Maître au Lapin*, recueilli par un des historiens de l'artiste, Monsieur Alcide Dusolier, lequel en a fait le titre de sa biographie. Un troisième et dernier élément du mobilier de Caillou consiste en une estampe authentique de Rembrandt. Et le graveur vit de carottes et de pain de munition, qu'il partage avec son lapin, dans cet aérien taudis.

Un brocanteur juif y fait son entrée, découvre, exploite le génie du cénobite-gueux, et lui achète cent sous ces griffonnages, « quelque chose d'allemand primitif, de gothique, de naïf et de religieux », qu'il revend deux cents francs en les faisant passer pour d'anciennes gravures. « Pour comprendre les eaux-fortes de Chien-Caillou, il fallait être savant. La plupart des gens n'y auraient rien vu, les véritables amis de l'art y découvraient un monde. Jamais la pointe ne s'était jouée d'autant de difficultés. »

Ainsi s'exprime la nouvelle de Champfleury, réduite à ce qu'elle fournit de contribution pour l'histoire de Bresdin.

Si j'ajoute que l'auteur (ce qui fut presque prophétique) fait mourir son héros, aveugle, sur cette poignante apostrophe : « Ah ! dit-il en poussant un grand cri, je ne vois plus... » c'est que ce *Lamma Sabachtani* de l'art a précédé telle situation qui nous émeut, dans *La Lumière qui s'éteint*, le beau roman de Kipling.

Rapprochés de moins fantaisistes sources, ces détails semblent acceptables.

Monsieur Alcide Dusolier, qui écrit quatorze ans après Champfleury, nous représente Rodolphe Bresdin « d'une honnêteté niaise et sublime ». A vingt-sept ans, il quitte Paris, où ses vertus ne trouvent guère plus d'emploi que son talent génial, et dirige vers Toulouse un exode qui nous rappelle celui de Monticelli vers Marseille, en 1870. Soyons reconnaissants aux pages de Monsieur Dusolier, de nous initier à cette phase caractéristique de la vie du *Maître au Lapin*. Le compagnon de Chien-Caillou n'est donc ni un mythe ni une chimère. Bresdin lui a réellement fait faire, dans ses bras, les deux cent cinquante lieues qui unissent Paris à Toulouse; et ce lapin a conquis sa place au paradis des animaux aimés, sur lesquels s'est reverbéré un peu de l'amour refoulé des grands cœurs solitaires. Pour le moment, maître et bétail sont arrivés au but. Nous sommes à l'heure où Bresdin s'assure, moyennant cinq francs par an, le loyer d'une de ces cahutes de cantonnier « moitié terre et moitié chaume, qui servent, aux paysans, de vestiaire pour leurs outils de labeur ». — Il y passe cinq ans, avec son lapin, à se nourrir, *soi* et *lui*, « exclusivement d'herbes et de légumes, de salade surtout. Quant au pain, il en mangeait comme les métayers mangent de la viande, une fois par semaine. Allant à la ville tous les quinze jours, vendre pour cent sous ou dix francs, à quelque brocanteur, un de ses admirables dessins à la plume... » — et, sans doute, contractant dès lors le germe des maux cruels, dont nous entendrons le gémissement plus tard.

Au bout de ces cinq années de stage à « s'asseoir avant d'entrer, aux portes de la ville », Bresdin y pénètre, et aussi dans le luxe. « Pour la première fois depuis cinq ans, il couche dans un lit... le propriétaire l'a vu, par deux fois, faire cuire un morceau de bœuf sur quelques branches mortes ramassées dans le verger. » Et le voilà installé dans son recoin, qui lui semble royal — d'ailleurs, selon son goût — à « travailler inconnu et admirable », suivant la juste expression de son historien d'alors, entre son lapin et une rainette qui constituent, en ce temps-là, toute sa famille.

Telle est la phase de l'existence de Bresdin, que nous donne à connaître Monsieur Dusolier.

Un autre biographe lui succède ; car le sort qui paraît se divertir à fomenter les étranges formes de pareilles destinées, leur suscite des commentateurs dont le dire se retrouve à point nommé, tel qu'un modeste, mais effectif Évangile.

Celui dont je parle, fort précieux dans l'exégèse de Bresdin, ce fut une brochure de Monsieur Auguste Fourès, publiée à Carcassonne en 1891.

Un peu diffuse, et d'ailleurs fort heureusement, sans prétention, elle se contente de nous fournir des renseignements, dont plusieurs sont importants et, quelques-uns, inappréciables. Débarrassés des répétitions ou d'inutiles commentaires, et joints aux sûres observations desquelles nous avons fait le triage, ils renforceront les traits de caractère déjà observés, compléteront la figure.

Rodolphe Bresdin est né le 12 août 1822, de Denis Bresdin et de Geneviève-Françoise Buisson, à Monrelais, Loire-Inférieure. « A vingt ans, déjà, dans le Faubourg Saint-Marceau, il habitait un grenier, un galetas plutôt, qu'il partageait avec des chats, des lapins, des poules, faisant lui-même sa cuisine, lavant son linge en un recoin, gravant devant sa fenêtre, dans les heures nombreuses où il n'allait pas à la tannerie. »

Ceci est un retour au motif amplifié de Chien-Caillou et de son bétail, dont nous allons suivre l'accroissement et le développement. Écoutez plutôt :

« Il vivait à Toulouse, dans une maison basse, au milieu d'un jardin (Monsieur Fourès en précise à peu près l'emplacement). Cette habitation mal recrépie, sale, en désuétude, ressemblait plutôt à une étable qu'à la demeure d'un artiste ; elle était divisée en deux pièces. Celle où il travaillait avait, pour tous meubles, une table, une mauvaise couche et trois chaises. Dans un coin, des fagots, au-dessus desquels voltigeaient librement des oiseaux de différentes espèces, qui étaient dressés. Sur un signe du maître ils se perchaient ou quittaient les branches. — Dans l'autre pièce, on voyait de nombreux pigeons et lapins, dont Bresdin faisait aussi l'éducation. C'était paraît-il, pour lui, après son travail, le plus agréable des délassements. Il avait plaisir à commander à tous ces animaux... » — Et comme on s'étonnait de son dénûment, il s'en déclarait surpris : « J'ai, disait-il, du pain, des fruits de mon jardin, et la meilleure des boissons... » une eau de source dont il exaltait le mérite « affirmant qu'elle contenait une infusion bienfaisante des diverses feuilles qui y tombaient ».

Nous entendrons pourtant résonner, un jour, dans la correspondance de Bresdin, le *lamento* de ces cruelles années.

Je note maintenant une nouvelle similitude entre Bresdin et Monticelli.

On se souvient de celui-ci, se rendant, vers le soir, aux *Allées* de Marseille, dans l'espoir d'y rencontrer, devant quelque café, l'acheteur de sa toile du jour. De même, Caillou sort, tous les soirs, et se rend, Place Lafayette, au Café de la Comédie, et chaque fois, « muni d'un dessin qu'il met en vente ».

« Je n'ai pas de pain, donnez-moi ce que vous voudrez », répond-il à un amateur, au sujet d'un dessin dont il reçoit quarante francs. Mais, l'ouvrage, cédé, pour le double de cette somme, le premier acquéreur en veut faire bénéficier Bresdin, qui refuse. Il refuse même les quatre cents francs que lui offraient deux Anglaises, pour un sujet fini, à la condition qu'il en retirât un cochon de premier plan, dont l'aspect leur déplaisait. — « Ce cochon, répondit fièrement Caillou, fait tout le mérite de ma composition. Je ne déshonorerai pas mon art! » — Et deux jours après, il s'estime heureux de vendre cent cinquante francs le même travail, à un amateur moins exigeant ou plus compréhensif.

Ici se place une histoire de Princesse Mathilde, qui n'est guère plaisante. Elle prouve, une fois de plus, qu'il est difficile de faire le bien avec délicatesse.

Un matin de 1853, dans son taudis de Toulouse, l'artiste, assis sur une caisse retournée, l'unique siège du lieu, voit entrer chez lui un gommeux local. C'est le secrétaire de la Préfecture, qui lui apporte quatre cents francs, au nom de la « cousine du tyran ». Pourquoi justement cette somme? On ne se l'explique pas. L'idée, qui n'en est pas moins généreuse, à l'égard d'un artiste si inconnu, et si besogneux, suscitée par la lecture de Chien-Caillou, a le tort d'être mal formulée. Bresdin entre en fureur, puis en arrangements, et consent (je crois le comprendre, bien que le récit ne précise pas) à accepter l'argent, comme prix d'une commande qu'il livrera par la suite. Mais, quand le scrupuleux obligé se présente quatre ans après, à l'hôtel impérial, avec ce trésor, qui valait plusieurs fois le bienfait : « la première épreuve, admirablement tirée du Bon Samaritain... le pauvre homme était si misérablement vêtu que le concierge ne consentit jamais à le laisser entrer dans la cour ! »

*
* *

Nous voici maintenant en face du document le plus considérable, qu'il ait, jusqu'à ce jour, été donné de consulter, sur le compte de Bresdin : les dix lettres par lui adressées à son ami Monsieur Justin Capin, de Saint-Projet, publiées par Monsieur Fourès, et qui équivalent aux dix paroles de ce crucifié de l'existence.

La première de ces lettres est datée de 1854. Il y parle de « l'amertume de sa position » et, dans le même instant, nous révèle sa propre charité. Pauvre (et quel pauvre!) apitoyé sur un plus pauvre. Il s'agit d'un Polonais, qu'il appelle « pauvre Pologne » et qui vient le trouver pour lui faire comprendre l'état piteux de ses personnelles affaires...

> Il tombe sur mon pain — *remarque drôlement l'auteur de la lettre* — et y fait une telle brèche, que si, relativement, les Anglo-Français en font une pareille à Sébastopol, toute l'armée y passera avec armes et bagages: et s'il y a assez d'eau devant la brèche, les deux flottes pourront bien y passer aussi, sans que les *steamers* aient jamais besoin d'abaisser leurs mâts, ni leurs cheminées. — *Et il ajoute :* Je vais tâcher de lui donner quarante sous pour aller jusqu'à Agen... le pauvre garçon mérite vraiment qu'on s'intéresse à lui, car il est très rangé et très laborieux, et, de plus, il a l'air d'être très honnête, Pologne, — ce qui est à considérer. — Je dois l'emmener avec moi en Amérique, l'année prochaine...

J'insiste sur ce point de beauté morale, qui nous donne à constater que si, comme l'écrira plus tard Banville, « cet esprit est taillé dans le roc, comme le tombeau d'un Pharaon », ce cœur est aussi pénétré d'amour, comme le nid d'une colombe.

Reconnaissons aussi ce goût de l'honnêteté, constamment manifeste chez Bresdin qui, selon Banville, encore, « s'est exilé, pendant de longues années, non pas dans une province, non pas dans une campagne mais dans une forêt... pas tout à fait comme Alceste, pour avoir seulement la liberté d'être honnête homme, quoique ce sentiment entrât pour beaucoup dans la résolution prise ». Ce goût d'honnêteté, nous le retrouvons, au cours de toute l'existence de l'artiste; et, lors du baptême de son premier enfant, il prend cette forme particulière : la marraine choisie n'ayant pas paru offrir, au papa, de suffisantes garanties de moralité, il la remplaça, séance tenante, par une fillette de dix ans, qu'il alla quérir sur ce propos : « Puisque vous prenez la chose au sérieux, je ne peux permettre que ma fille reçoive le premier sacrement, soutenue par des mains impures. » Enfin, nous voyons s'ébaucher, dans la dernière phrase de la lettre précitée, cette Amérique idéale qui fut une des illusions de ce génie-enfant, ensemble borné et vaste :

> L'image de ce pays neuf, où la liberté et l'indépendance peuvent se conquérir par le travail, m'a déjà retrempé un peu... en me reportant vers cette nature vierge, sortie d'hier, pour ainsi dire, des mains du Créateur. Ah ! pouvoir, à la face de la nature, développer son corps et son âme, développer les dons précieux que Dieu mit en vous, sans s'abrutir dans un travail abject, souvent vil et infâme, asservissant son intelligence à l'oppression, à la ruse, la duplicité et la force, comme on voit tant de créatures déchues le faire pour gagner leur existence ! N'est-ce pas enviable, et bien capable d'émouvoir un homme dont la souplesse et la flexibilité dorsale, comme la volonté et le pouvoir de dissimuler, sont des défauts qui lui sont inconnus autant qu'impossibles[1] ? Je sais bien que beaucoup de gens me diront qu'il faut hurler avec les loups; moi je pense qu'il vaut mieux les tuer ou les fuir, si la fortune ou le hasard de la position ne nous permet pas de pouvoir les museler.

Donc, il veut partir, mais ce départ est ajourné, faute d'argent.

---

1. On rétablira aisément la construction de cette phrase et de quelques autres citées, dont l'incorrection n'est pas pour diminuer l'éloquence.

Sur cinq Christophe Colomb que nous étions, pas un n'avait une piste pour le porter, ni un maravédis pour payer la barque de Caron, afin de passer de ce monde-ci dans l'autre. J'avais cependant obtenu — ô prodige de l'éloquence et des bons renseignements sur l'exploitation ! — j'avais cependant obtenu de passer pour cent trente francs... moi et les quatre autres à ma considération. Mais je n'ai pu obtenir davantage, ce qui fait que je suis forcé de travailler *le moellon lithographique* pour amasser mon voyage et probablement celui des autres, qui doivent compléter le chiffre de cinq, exigé par la concession.

Mais le temps s'écoule sans réaliser le projet, que nous voyons fluctuer au cours des lettres. En 1886 :

La guerre d'Amérique a eu cela de fâcheux qu'elle a tellement fait enchérir le coton, et il s'est tellement écrit pour ou contre les noirs que, d'un côté, la matière première faisant défaut et, de l'autre, le papier allant toujours en augmentant, il est devenu si cher que les vieux amis ne s'écrivent plus — ce qui prouve à la fois la force des événements et la faiblesse des sentiments ! *Et tout de suite après cette boutade* : Ma pauvre femme et moi nous désirons d'autant plus sincèrement avoir de vos nouvelles que, d'un moment à l'autre, nous pouvons partir en Amérique comme colons.

Une autre lettre, de la même année, débute ainsi :

Je vous annonce que je vais partir pour la Nouvelle-Orléans, dans deux mois au plus tard ; je devais partir le 20 septembre, mais ayant appris que la fièvre jaune avait commencé son apparition, je retarde mon voyage — d'autant plus volontiers que, voulant emmener toute ma famille, je suis obligé d'attendre que mes efforts, pour me procurer la somme nécessaire, aient été couronnés de succès.

Quelques personnes m'ont assuré que, mettant en loterie quelques gravures et quelques dessins, je pouvais espérer une partie de mon passage, réussir et arriver à mon but. En conséquence, je viens vous soumettre la situation, et vous prier, comme un de mes plus anciens amis, de me venir en aide en ce moment, afin de ne pas être obligé de partir seul. Car je suis décidé à partir quand même, tous mes renseignements me faisant espérer de pouvoir réussir là-bas ou aux environs.

Mais toujours, l'auteur de tant de *Fuites en Égypte*, voit se refuser à lui cette fuite en Amérique tant désirée.

C'est seulement après 1871 qu'il s'embarque avec les siens, pour le Canada. De ce voyage — qui, sans doute, ne fut pas heureux — nous ne connaissons guère que le retour: « Il y a dix ans (vers 1876), dans une brasserie fréquentée par les peintres — écrit Paul Arène, en son *Paris Ingénu* (*Un Vieil Artiste*) — près d'une gare, quelques amis s'entretenaient de Bresdin, depuis longtemps disparu et qu'on croyait mort, quand, précisément, Bresdin entra, chargé de paquets, suivi de sa femme, de ses six enfants, et d'un nègre. Bresdin, comme on revient d'Asnières, s'en revenait du Canada, où il était allé chercher fortune. »

Ce que nous avons vu se dérouler dans l'intervalle, ce sont les souffrances; et ce que nous avons vu surgir, c'est la famille, qui n'est pas sans les aggraver.

La famille, dans la correspondance qui nous occupe, et nous instruit si fort, fait son apparition avec l'étrange baptême dont il a été question. Suivons-la : « Bresdin, selon un de ses chroniqueurs, n'éprouva jamais pour sa femme d'autre sentiment que celui de la reconnaissance. Il la sentait malheureuse à cause de son caractère étrange et en souffrait beaucoup. » Une lettre de 1861, touchante d'espérance combattive, s'exprime ainsi :

J'ai déjà passé un traité avec une revue (*La Revue Fantaisiste*) :

deux petites eaux-fortes par mois, de cinquante francs chaque. — Voilà donc une petite base pour l'avenir de ma petite famille. — Je m'ennuie affreusement tout seul et j'ai beaucoup à travailler: il me tarde de pouvoir faire venir la pauvre Rosalie et la petite, qui doivent bien s'ennuyer aussi.

En 1865 :

Je vous annoncerai que j'ai un nouvel et quatrième enfant qui, cette fois, grâce à Dieu, est un garçon, qu'il a un mois, paraît très bien portant, que les autres ne vont pas trop mal, ainsi que la mère... et que, de plus, moi et Rosalie, nous sommes mariés depuis huit jours, à la mairie de Bordeaux et à la chapelle de Saint-Projet, nom que j'ai choisi en souvenir et en pensant à vous !

En effet, le 9 décembre 1865, eut lieu à Bordeaux le mariage de Rodolphe Bresdin et de Rose-Cécile Maleterre, née à Albi (Tarn) le 26 mars 1831.

Quant aux souffrances, remontons-en le calvaire poignant. La plus cruelle de toutes est cette lumière qui s'éteint, assimilant Bresdin, je l'ai dit, au héros de Kipling.

Dieu, qui n'oublie pas les siens, a bien voulu me donner un peu plus de chance que par le passé, au moment où les yeux m'ayant abandonné encore une fois, et où les soucis, les infirmités, les privations et la maladie m'avaient réduit à une condition pire que jamais, ayant quatre enfants en bas âge, à substanter et à entretenir. Étant très malade et ayant les yeux tout à fait ruinés depuis longtemps, je me suis démanché l'épaule il y a une vingtaine de jours, j'en souffre beaucoup. La vue m'abandonne, j'en souffre et travaille trop péniblement pour espérer jamais rien de bon pour mes enfants, d'un tel état de choses. — Une recrudescence de ma vieille maladie m'a cloué, encore une fois, sur un lit qui n'est pas de roses. Le médecin qui me soigne m'a dit que mon état était très grave, car, depuis longtemps, j'avais le cœur noyé dans le pus; les poumons et la rate très malades;

que la saison n'étant pas propice pour me soigner, il allait provisoirement me faire subir un petit traitement préparatoire (!) qui consiste d'abord en vésicatoires qui m'enveloppent tout le corps comme une cuirasse, depuis les aisselles jusqu'aux hanches. Les premiers huit jours j'ai souffert horriblement, surtout de l'inexpérience et de la maladresse du pansage. De plus, j'avale, pour la centième reprise, d'affreuses drogues dont l'idée seule me dresse les cheveux sur la tête et me donne des nausées.

Au printemps, alors que la nature se pare de ses plus beaux habits de fête et appelle le genre humain à la noce, mon médecin me recouvrira de vésicatoires et m'abreuvera de nouvelles drogues. C'est un médecin qui n'est pas ordinaire : il m'a dit qu'il me tuerait irrémissiblement ou me guérirait. « Je ne quitte mes malades, m'a-t-il dit, que morts ou guéris. » J'espère donc qu'il me guérira d'une façon ou d'une autre. De temps en temps je vomis de la boue, c'est à ne pas y croire.

Pour comble de chance, comme toujours, après avoir ramassé un peu d'argent, et me crevant, la maladie va me dévorer encore une fois, au milieu d'un martyre sans cesse renouvelé. Qu'est-ce que la vie, surtout une existence comme celle que je mène depuis deux ans ? Avant, je n'étais pas heureux, certes, mais au moins, j'étais bien portant : tandis que j'ai souffert, depuis, des maux inimaginables. Si j'en réchappe de ce coup, je veux aller à cinq cent mille lieues...

Plus loin, autre épître :

Les yeux ne veulent pas dessiner du tout : ils sont de plus en plus divergents et, écrire une lettre, cela suffit pour me les arracher.

Enfin, cette lamentation, proférée de l'Hôpital Necker, en avril 1870 :

La bataille a duré quarante-huit ans : à moins d'un miracle, elle va se terminer, la paix va se faire.

Les derniers bataillons de l'ennemi se préparent à charger, sondes, scalpels, bistouris, s'apprêtent à se ruer sur mon corps déjà si las et si fatigué. Les derniers combattants se réunissent pour un dernier et décisif effort. Comme s'il en fallait tant que cela pour m'abattre !

Non, il n'en faut pas tant, je suis trop bas, et il y a trop longtemps que cela dure. Jamais je ne pourrai supporter toutes ces tortures.

Les malins se consultent, jettent déjà un coup d'œil satisfait sur leur ferraille ; tiens-toi bien, vieux Caillou !

A dix-huit ans, je suis déjà venu ici aveugle, et Dieu sait, et peut seul savoir ce que j'y ai souffert. A quarante-huit ans, j'y reviens. Hélas, pourrai-je encore y revenir ?

Le miracle a lieu, et c'est un honneur pour Courbet, d'avoir organisé, alors, au profit du pauvre ressuscité, une soirée à bénéfice, en laquelle j'aime à saluer encore le nom d'Agar.

II

ARRIVONS à l'œuvre de cet innocent damné.

Banville s'en montra, de bonne heure, le commentateur passionné et inimitable.

C'est le 15 juin 1861, dans la neuvième livraison de la *Revue Fantaisiste*, dont Bresdin devint le collaborateur, en cette même année, pour une série de gravures de format un peu exigu, et dont la périodicité ne pouvait convenir à sa fantaisie, — que le Maître des *Odes Funambulesques* nous donne une *transposition* de l'art du graveur, qu'il décrit d'une écriture aussi fouillée que les originaux de ces planches touffues :

> Voici un enthousiasme, une âme, un poète, un fou, un génie, une pensée qui m'étonne, me trouble, et me fait rêver de longues heures : Rodolphe Bresdin. Ses dessins à la plume, ses lithographies où la pointe et le crayon s'unissent pour produire des effets prestigieux, sont des mondes à étudier, minutieux, compliqués, énormes, imposants par leurs masses hardies, détaillées jusqu'à la démence, et rivalisant avec la Nature par l'infiniment petit, recherché jusqu'à l'atome.

Et plus loin :

Autant vouloir compter les roseaux, les chardons, les brins d'herbe, les oiseaux, les animaux farouches, les nuées bizarres, les villes inouïes qui fourmillent dans un dessin grand comme la main, signé Rodolphe Bresdin. — Il a vu, *poursuit l'écrivain*, ces Babels de troncs et de feuillages, ces demeures de lianes..., ces marais de verdure... *il a entendu* « le bruit imperceptible de la feuille qui pousse... », *en un mot, il a dit* « la forêt, les minutieux enfantillages de ses jeux, les formidables excès de ses délyres... », *et il est, comme Dürer* « un espion des forces vives de l'incommensurable Nature », *dont le mystère s'est révélé pour lui* :

Du champignon vil jusqu'à l'oiseau ivre d'éther, de l'oiseau à l'archange ailé, une chaîne d'êtres, non interrompue, relie les cercles de la création : du bout de votre bâton vous déchirez ce champignon hideux : il se divise en une nuée d'insectes qui, en noires peuplades, s'emparent du sol : ce champignon est végétal, il est animal aussi : la transition entre la vie végétale et la vie animale nous échappe, comme entre la vie animale et la vie divine. L'eau croupie, la pourriture engendrent des âmes ailées : il existe une ressemblance effrayante entre le regard des lacs et celui des prunelles humaines, les racines sont des monstres qui rampent sous la terre, les branches ne peuvent que se ressouvenir de ces poses d'animaux féroces qu'elles affectent, et ne peuvent les avoir apprises dans leur vie immobile.

Voici maintenant une à tout jamais inimitable description de l'œuvre maîtresse de Bresdin, connue sous le double nom du *Bon Samaritain*, bien que, ajoute Banville : « n'en déplaise au prodigieux artiste dont la lithographie m'emporte, brisé, dans son fabuleux rêve et m'éblouit moi-même, avec ses toutes petites blanches nuées volant en pleine lumière, sous les autres nuées moins lumineuses, et sur lesquelles se découpent les branches capillaires, trouvées dans le prestige flottant et faites de rien, je ne puis prendre au sérieux *le sujet* qui a servi de prétexte à cette composition écrasante... »

Jugez plutôt :

Tâchons pourtant, lutte insensée ! de donner une idée initiale et vague de ce travail immense.

Sur le premier plan, une eau dormante et des végétations inextricables : chardons, roseaux échevelés et enchevêtrés, troncs difformes, monstrueux, épouvantables, aux branches recroquevillées, bossues, aiguës, affectant des poses de reptiles, animaux-branches ayant des gueules féroces : en les regardant mieux, un monde d'animaux s'y cache : oiseaux, reptiles, singes ironiques. Au bord de l'eau dormante, de grands oiseaux rêvent gravement. En pleine lumière, une hydre aux cent griffes, aux cent gueules, aux crocs hideux, aux bras tordus ; non c'est un tronc d'arbre aussi, mais quel abominable douleur a pu lui inspirer de si hideuses tortures ? Puis le tertre herbu, écrasé de frondaisons noires : les singes y pullulent : l'œil sanglant des hiboux y éclate comme un trou de flammes, des branches en éventail, en panaches, des astres au visage de soleil, des palmes folles de joie y chantent l'hymne fulgurant de la végétation triomphante : puis, formant deux coulisses gigantesques et démesurées, qui laissent voir derrière elles la toile de fond lumineuse, deux masses d'arbres noirs, où, plus nombreuses que les étoiles célestes et que les grains de sable du fond de la mer, toutes les feuilles, millions de milliards de feuilles, par le sortilège d'une magie inouïe se voient, se comptent, formant comme des figures larges et gracieuses : et sur les plus hautes branchettes, dans les hauteurs infinies du ciel, sur les petites feuilles qui naissent à peine, de petits oiseaux passent et volent, et on les voit, et l'œil les suit, ailes égarées dans ces vertes dentelles végétales d'une ténuité vertigineuse, qui se découpent sur l'azur lumineux où se condensent des vapeurs fécondantes. Elles-mêmes, ces grandes masses d'arbres se débattent sous des branches mortes qui, élancées devant elles, les serrent, les étreignent, boas tordus dans l'air, serpents aux bonds furieux, monstres dentelés et griffus : l'une de ces branches a tout à fait l'air d'un serpent ailé ouvrant sa gueule sanglante où elle brandit un dard enflammé : ici le rêve prend corps, la nature violée livre son secret, et avoue enfin qu'elle n'est qu'un entassement de monstres déchirants, occupés à s'entre-dévorer. Au-dessus de la composition énorme, un ciel fouillé, tourmenté, minutieusement découpé en nuées qui, comme chez Albert Durer, ont chacune sa physionomie et son allure, océan éthéré où chaque vague est vivante et doit avoir un nom. A côté des larges masses d'arbres, d'autres masses plus légères, découpées avec la délicatesse d'un réseau de veines, et enfin, au loin, dans la pleine et sereine lumière, une ville démesurée elle-même, forêt de pierres, grande comme la forêt d'arbres...

J'ai cité tout le morceau, parce que, je l'ai dit, il défie à jamais toute velléité de description de la même œuvre, sous son ciel pommelé. J'ajouterai seulement cet unique détail omis, que Bresdin a placé visiblement, sur le corps même du quadrupède, le monogramme de sa signature.

Longtemps après, Huysmans écrit, à son tour, les lignes suivantes :

Le *Bon Samaritain*, un immense dessin à la plume, tiré sur pierre : un extravagant fouillis de palmiers, de sorbiers, de chênes, poussés tous ensemble, au mépris des saisons et des climats, une élancée de forêt vierge, criblée de singes, de hiboux, de chouettes, bossuée de vieilles souches aussi difformes que des racines de mandragore, une futaie magique, trouée au milieu par une éclaircie laissant entrevoir, au loin, derrière un chameau et le groupe du Samaritain et du blessé, un fleuve, puis une ville féerique escaladant l'horizon, montant dans un ciel étrange, pointillé d'oiseaux, moutonné de lames, comme gonflé de ballots de nuages. On eût dit d'un dessin de primitif, d'un vague Albert Dürer, composé par un cerveau enfumé d'opium...

Quant à l'ouvrage de Monsieur Henri Beraldi sur les graveurs du dix-neuvième siècle, tel est son jugement, à propos de la même œuvre :

« Moitié vision étrange des anciens maîtres, mais aussi moitié travail de patience comme en exécutent les prisonniers : c'est ce que les artistes expriment pittoresquement en disant que c'est « noix de coco ».

*
* *

Voici en outre quelques pièces que la possession me met fréquemment sous les yeux, et qui vont nous permettre de classifier les motifs d'inspiration de l'artiste.

« O feuillage, tu m'attires !... »

Ce mystérieux vers de Hugo pourrait servir d'épigraphe à une notable part de l'œuvre de Bresdin. Ce ne sont pas les moins éloquentes de ses planches, celles où des arbres de toutes essences, notamment des bouleaux aux blancs troncs satinés, prennent naissance entre des rocs et s'entre-croisent au-dessus d'une eau qui les mire. En ce moment même, j'admire trois de ces eaux-fortes, dont deux sont datées de 1880. Une fraîcheur y règne; ce sont des sous-bois aimés pour eux seuls, sans rien d'horrifique ni d'autrement mystérieux, que du mystère des sites ombreux, recueillis, solitaires.

La troisième de ces eaux-fortes non peuplées que du frisson de l'air, de l'onde et des ramures, est un état inachevé, fort propre à nous laisser entrevoir le travail du graveur ; les branches s'y étreignent comme des tentacules ligneux ou des pattes de crustacés; de plus troublantes, qui revêtent des aspects quasi-humains, semblent s'enlacer corporellement, et composent des groupes amoureusement condamnés à ne s'aimer qu'à travers l'écorce.

Tout autres sont les deux suivantes; l'une, peut-être un

ressouvenir du voyage d'Amérique, et comme un frontispice de forêt vierge : un inextricable fouillis de branchages circulairement enchevêtrés de frondaisons et de lianes, à l'entour d'une vague trouée qui s'éclaircit au centre, telle que parmi les épineux empêchements des difficultés et des obstacles, une lumineuse perspective sur l'inconnu, sur l'espérance...

Mais l'horizon se déchire en ces deux paysages plus rocheux, nous laissant apercevoir, dans le premier, une ville biblique, sur laquelle va s'entr'ouvrir ce ciel follement fuligineux, qui balaie, au-dessus, ses nuées échevelées et sulfureuses. — Le second, plus calme, abrite deux plus paisibles cités, blotties en des rentrants, au pied des monts, au bord des eaux.

C'est encore dans un paysage rocheux, tout embrumé d'obscures vapeurs, que l'humanité fait son entrée, sous forme de ce chevalier sur sa blanche monture. Il sonne du cor dans la direction du manoir, dont les tourelles couronnent une éminence; et sa poésie est la même que celle qui nous émeut dans le *Retour du Chevalier*, une des plus pénétrantes compositions de Boeklin. — Un troisième paysage rocailleux, de plus grandes dimensions, sert de décor à un bain de femmes. — Un nouveau bain de femmes, celui-là plus poétique, et plus océanien, groupe comme de jeunes Otahitiennes, entre des vols de colibris, sous la verdure veloutée des palmes, Rarahu et ses compagnes, au ruisseau d'Apiré, vingt ans avant Loti.

Pénétrons dans les susdites villes, autre domaine de Bresdin, qui se plaît à démesurer fantasmagoriquement (et sans trop pourtant les sortir du réel) de normandes ou bretonnes demeures, à ériger en mitres les toits des maisons, au-dessus desquels les clochers d'églises percent des ciels aux nuages ressemblant à des boucles défrisées. — Encore un lieu de prédilection pour la pointe de notre graveur, ce sont ces fermes aux toits de chaume dépeignés et surmontés de cages à pigeons, fort singulières; au devant, les palis d'un maigre verger, une mare où s'abreuve le bétail, autour de laquelle des poules picorent et des marmots piaillent.

On sait que l'agriculture fut un des rêves de la vie de Bresdin, qui s'en distrait à dessiner de telles métairies : « faire de l'agriculture, objet de tous mes vœux », écrit-il dans une lettre de 1866. « Car Bresdin, ajoute Paul Arène, toujours, bon gré, mal gré, ramené au gîte, toujours interné par la nécessité, entre Montmartre et Montparnasse, eut toujours la même idée fixe : être colon, s'établir aux champs, dans un pays où les champs ne coûteraient rien, vivre de la vie paysanne, défricher, piocher au soleil, boire l'eau des sources et partager avec sa famille, les oiseaux de l'air et les bestioles des bois, de grosses tranches de bon pain bis qui sent encore la terre et le blé. » — Et l'écrivain conclut sur le pittoresque tableau de l'essai de colonisation d'un grenier, tenté à Paris par Bresdin : « Champs ensemencés, arbustes, gazons, légumes, parmi lesquels s'ébattaient poules et lapins, merles et moineaux, rien n'y manquait, pas même la cabane habitée dans un coin par notre colon... quand, sur la plainte du locataire d'en dessous, l'expulsion fut signifiée. »

Une des plus mystérieuses planches est celle que Bresdin lui-même intitulait *Arcachon*, du titre banal d'un lieu qui, sans doute, lui fournit le motif de cette illustration singulière. C'est, en effet, de prime abord, un vulgaire chalet de bains de mer, qu'on a sous les yeux, un chef-d'œuvre de constructeur local, avec, par places, toute la gauche implacabilité d'une épure. Mais cette niaiserie architecturale ne fait que mieux valoir les détails curieux qui, peu à peu, surgissent, troublants et pleins de hantise. Des tourelles s'érigent, des vitraux s'ent'rouvrent, des balcons, tels que des corbeilles, s'emplissent de femmes aux costumes orientaux et aux longs voiles. Des oiseaux voltigent dans le ciel bouclé et parmi les denses feuillages. Une grille close règne au-devant de l'immeuble de rêve. Sur le premier plan, une pastourelle, sa quenouille à la main, son marmot à ses trousses, garde tout un troupeau de bêtes aumailles et de leurs chiens, d'ânes et de brebis, et tout un poulailler dispersé, jusqu'aux poussins qui viennent d'éclore. Et tout ce monde velu et emplumé, marbré des tâches blanchâtres d'une énigmatique clarté qui frappe la façade du chalet comme d'une rongeuse pâleur de clair de lune, se tient aux abords de cet habitacle féerique et bourgeois, prisonnier derrière sa grille.

Je possède une variante du même motif, en laquelle le chalet tourne au castel ; les sultanes y sont devenues des dames à hennin, entourées de seigneurs et de pages; et sur le devant, le troupeau de tout à l'heure a fait place à des cavaliers emplumés, à des varlets sonnant du cor parmi leurs chiens. C'est un moyenâgeux départ pour la chasse, sur l'air de

> Assez dormir, ma belle,
> Ta cavale isabelle
> Hennit sous les balcons...

mais que sauve de banalité le génie du Maître. Détail curieux : l'épreuve, sur une sorte de faux vélin, est une de celles mentionnées par Champfleury, tirées au cirage. Elle est datée de 1869.

Viennent ensuite de ces intérieurs flamands, pleins de jambons suspendus, de chapelets de saucisses et d'oignons, de claies, d'éclisses et de volumineux « pots-beurriers », coiffés d'un blanc papier ficelé, qui s'enfument dans la région supérieure du dessin. Cent accessoires du dernier fini, s'entassent au-dessous d'une image de madone, sur la tablette encombrée et débordante de cette cheminée de campagne : miche entamée, chandeliers, quinquet, pipe, tricot hérissé d'aiguilles. Et devant l'âtre, une paisible famille de villageois, auprès du lit abrité et de son pot de chambre. Bresdin a varié plusieurs fois cette page domestique.

Passons du réel au mystique, avec une grande lithographie, de 1883, baptisée par Bresdin : *La Pêche miraculeuse*. Au-dessous d'un ciel plein d'oiseaux, dans lequel toute une perruque Louis Quatorze semble s'être débouclée, des montagnes hérissées d'architectures Ninivites. Et, sans que se délimite la naissance de l'eau ni l'achèvement des récifs, des bateaux cargués de leurs voiles, devant tout un peuple en train d'amener à soi des poissons étranges.

Des pieux sujets, Bresdin semble avoir, entre tous, préféré la Fuite en Egypte. Il y voyait sans doute, divinisé, son propre rêve de familial voyage.

Je possède, en diverses grandeurs, en successifs états de lithographie et d'eau-forte, six variations autour de ce thème. Les jeux du ciel et de l'eau, des rocs et surtout des branchages, modulent autour du groupe auréolé, de linéaires symphonies. Les deux plus belles sont d'aspect bien divers : celle-ci, paisible, parmi la luxuriance d'une végétation d'Orient, sous l'entre-croisement noueux des rameaux vêtus de feuilles; celle-là (l'épreuve d'un noir velouté que Bresdin lui-même dénomma *la Vigoureuse*), triste, en un paysage d'hiver, sous le fer forgé des branchages nus, image de la Mort, au-dessus d'un torrent, image de la vie. Il semble que cette gravure soit la reproduction du dessin décrit sous le Numéro 2 du catalogue cité par Monsieur Fourès.

La *Comédie de la Mort* suit de près, et emboîte justement le pas. Moins intéressante, elle fut plus célèbre et plusieurs fois décrite. On sait : des squelettes entourés de larves de Tentations; masques de rameaux noueux, grimaces de racines, grouillantes bestioles aux impossibles anatomies. Un sage médite en sa grotte, un miséreux s'affale, hébété; et vainement Jésus, nimbé et invitant, désigne un ciel trop plein de nuages.

Écoutez encore Huysmans :

> La *Comédie de la Mort*, de Bresdin, où dans un invraisemblable paysage hérissé d'arbres, de taillis, de touffes, affectant des formes de démons ou de fantômes, couvert d'oiseaux à têtes de rat, à queues de légumes, sur un terrain semé de vertèbres, de côtes, de crânes, des saules se dressent noueux et crevassés, surmontés de squelettes agitant, les bras en l'air, un bouquet, entonnant un chant de victoire, tandis qu'un Christ s'enfuit dans un ciel pommelé, qu'un ermite réfléchit, la tête dans ses deux mains, au fond d'une grotte, qu'un misérable meurt, épuisé de privations, exténué de faim, étendu sur le dos, les pieds devant une mare.

Et ce sont encore deux actes, ou deux intermèdes de la

même comédie macabre, ces deux feuillets jadis publiés par la *Revue Fantaisiste* : deux chasseurs dénichant, sous un buisson où elle se tapit, la Mort, qu'ils destinaient à leur proie ; puis cette Mort, assise, se prêchant elle-même à une femme en train d'allaiter, au bord d'une eau qui l'invite au suicide. J'ai vu dans une autre collection, une plus convaincante figure de la Mort, à l'égard de cette femme ; elle la persuade, en lui tenant un écheveau allégorique du fil de nos jours. Et quand, dans une suivante gravure, la Mère s'est pendue avec son enfant, la Mort s'en réjouit en violonant.

Voici encore un curieux *Combat Antique*. Un César lauré, à cheval, des mercenaires, des prisonniers, tout une forêt d'hommes, de lances et de casques, traités par Bresdin avec l'enfantine et méticuleuse virtuosité qu'il apporte au rendu de ses forêts véritables. — Une guerrière orientale, en turban, à cheval, l'épée à la main, dans un défilé, suivie de peuplades et de troupes. Enfin, le très compliqué et naïf frontispice de la *Revue Fantaisiste*.

*
* *

J'ai gardé pour la fin, dans le compte rendu de cette petite collection, le tirage, d'ailleurs récent et défectueux (d'après une pierre retrouvée), d'une lithographie qui me livre la clef d'un épisode, dont voici le roman comique.

Des circonstances, que je dirai tout à l'heure, m'ont mis entre les mains une bizarre correspondance, adressée à Bresdin, par un Monsieur Hippolyte de Thierry Faletan, demeurant à Paris, avenue Joséphine, 67, auteur (!) de fables qu'il s'est mis en tête de faire illustrer. Monsieur Dusolier sert d'intermédiaire; le prix convenu est de cent francs pour un frontispice, et d'un total de deux cents francs pour quatre autres dessins. Il est vrai que l'auteur est aussi ignorant de la syntaxe que de l'orthographe, confond une apostrophe avec un accent aigu et rédige des phrases de cette tournure : « Si le travail que vous me ferez sera aussi consciencieux que vous le dites dans votre lettre, ma conscience ne me permettrait guère de vous faire tort d'un centime. »

Une épreuve de la *Comédie de la Mort* est envoyée, par Monsieur Dusolier, au fabuliste, qui répond à l'artiste : « C'est une fort belle œuvre; puissiez-vous, Monsieur, vous inspirer de mes quelques fables et me faire d'aussi *jolies* (!) compositions, et tout aussi bien exécutées. » — Et ce disant, il adresse à son illustrateur une espèce d'ébauche (car il dessine aussi !) indiquant par à peu près la composition du frontispice :

Numéro 1. Un homme étant couché dans un petit ba-[teau,
Amarré sous un saule au bord d'un clair ruis-[seau,
A différents poissons tendait un certain piège
Soutenu par un mince liège...

Numéro 3. La fable n'étant pas encore faite, je vous envois *(sic)* qu'un sommaire du sujet; ainsi, il faudra représenter deux nègres en pantalons rayés et grand chapeau de paille, l'un d'eux travaillant à la terre, l'autre encore dans le lointain, arrive avec une béquille, le bras en écharpe, et les vêtements en lambeaux.

Numéro 4. Ici, représenter un train de chemin de fer sortant d'un tunnel et glissant sur une voie soutenue par un mur en maçonnerie.

Numéro 6. Ici il faudrait représenter l'entrée d'une caverne ou vaste grotte, dans laquelle on verrait des oiseaux de proie, comme milans, buses ou faucons, en train d'égorger une compagnie de pigeons. Un corbeau doit sortir de la grotte en s'envolant.

Numéro 7. Le bloc de marbre... Vous pouvez représenter ce bloc de marbre, fendu par le milieu ou disjoint; mais je pense que, comme il servirait pour le titre du livre (il serait nécessaire) de ne pas le trop disjoindre, afin de pouvoir y lire facilement ce titre : « Fables par H. T. F.[1] »

Or, dans la descriptive énumération des dessins de Monsieur Capin, citée par Monsieur Fourès, nous lisons:

« Frontispice; il est bordé de branches entrelacées où grimpent des écureuils et où se glissent des serpents, avec deux chiens à l'extrémité. Au milieu, assis sur une large pierre, un poète tient un livre à la main, bouche ouverte, la dextre en avant et portant une escarcelle à sa ceinture; sur la pierre on lit: Fables, par T. F., 1868. Rodolphe Bresdin. Au-dessus, sur un pont, passe un express. A gauche et au bas, un pêcheur à la ligne tient un poisson à la main. A droite, un homme va devant une paire

1. Cette lettre est datée du 22 mars 1868.

de bœufs; un cavalier vient derrière lui. Hautes montagnes. »

Voilà donc notre frontispice. Quant au jugement qu'il inspire à l'étonnant La Fontaine, le voici formulé dans une lettre de lui, datée de 1868:

J'arrive de voyage, et je viens de voir le frontispice, j'en apprécie tout le consciencieux de l'ouvrage, etc... Quant au personnage que vous avez introduit, le jeune homme assis sur le bloc de marbre, je n'en ai pas saisi la nécessité: *pourquoi lui faites-vous tenir un poisson?...*

Et plus loin:

J'approuve la disposition que vous donnez aux sujets formant le frontispice, sauf quelques petits détails. Le paysan se sauvant sur son âne et le pêcheur volé, n'étant qu'une seule et même fable, il est fâcheux que vous ayez placé entre ces deux sujets, celui des nègres planteurs. Ensuite n'oubliez pas, *et cela est un point essentiel,* l'un des deux nègres est, seulement, estropié et les habits déchirés: l'autre, au contraire, travaille, et, tout en lui, doit exprimer le bonheur et l'aisance.

Ces fables, la correspondance nous en livre trois, tout au long; je me dispenserai d'en faire autant : les quelques vers cités plus haut, donneront le ton de ces apologues, comme la mesure de cette prosodie; et les commentaires, seuls, sont pour nous d'un instructif attrait. La première fable adressée à l'illustrateur, a pour titre bien venu: *Le Diplomate et la Fourmilière.*

J'ai l'avantage de vous adresser ci-jointe une de mes fables, pour qu'en en prenant connaissance, vous vous inspiriez à faire un des quatre dessins convenus. Selon moi, il y a de quoi faire un superbe paysage d'automne, sous bois ou autrement (en Europe, bien entendu), avec un grand beau chêne : je laisse d'ailleurs, à votre riche imagination de le peupler d'insectes et d'animaux : parmi ceux-ci, des lapins, castors, écureuils, lézards, hérissons, etc. ; mais pas de gros gibier. Quant à l'action à représenter, ce serait au moment où le personnage, en costume de chasse, s'arrête pour contempler la fourmilière. Ayez soin de figurer un corbeau qui, du haut de l'arbre, contemple le diplomate, et semble n'attendre que son départ, pour fondre sur la fourmilière.

Comparez le Numéro 7 du catalogue de Monsieur Fourès : « Dans un bois, un chasseur tient son fusil par le canon, etc... »

Voici ensuite : *Le Papillon et la Mare*. Un papillon, attiré par une fleur d'eau, risque de se noyer dans la boue.

Je pense (reprend notre fabuliste) que vous saurez tirer grand parti de ce petit sujet allégorique, dont vous aurez facilement saisi la morale, et vous en ferez, j'en suis certain, une poétique composition. Il faudrait représenter un joli paysage dans une vallée, avec la mare sur le premier plan, et, dans le lointain, des montagnes, le ciel sans nuages. A l'exception de la mare et de ses abords, la campagne devrait être d'un aspect riant, beaucoup de fleurs, de papillons, etc... Il faudra représenter dans la mare, ou sur ses bords, toute sorte de petits animaux, tels que crapeaux (*sic*), grenouilles, petits serpents, rats, lézards ; et, dans les branches de quelques saules rabougris et grimaçants, comme ceux de votre *Comédie de la Mort*, il faudrait mettre de grosses araignées dans leurs toiles, ainsi que quelques chauves-souris, cachées dans quelques crevasses de troncs, ou des hiboux. — Il s'agit, enfin, de faire opposition avec le riant du reste de la campagne, et représenter une belle fleur épanouie. Je laisse à votre idée le moment à saisir et à représenter, soit l'instant où le papillon tombe dans la mare, près de la fleur, soit quand, arrivé sain et sauf, sur les bords, il s'envole. Dans tous les cas, il faudrait pouvoir exprimer soit la joie, soit le dépit qu'éprouveraient les animaux malfaisants de la mare, et même donner une expression en rapport avec la situation, aux arbres auxquels vous savez si bien donner une physionomie caractéristique.

Or la planche exécutée d'après ce dessin est celle que je possède, et qui nous a menés à cet épisode. Je l'ai dit, le tirage récent en est défectueux, mais on y reconnaît fort bien le résultat des volitions de l'infatigable exigeant. La fleur centrale est mal venue, et le papillon joue un rôle si accidentel qu'on le distingue à peine; mais les branches sont vraiment menaçantes, comme il est écrit, et les aquatiques animaux grouillent dans ce cloaque.

C'est, sans nul doute, l'original du dessin inspiré par la fable suivante, *Le Dindon et les Paons*, que nous retrouvons, daté de 1868, dans la Collection de Monsieur Capin, toujours selon le Catalogue cité par Monsieur Fourès : « Une dizaine de paons, perchés sur de vieux troncs d'arbres, regardent au-dessus d'eux, un dindon rouant, et qui semble vouloir les dépasser en beauté. Deux paons sont sur le sol, en face de l'orgueilleux et paraissent le narguer. »

Suivons bien notre La Fontaine :

Je laisse à vous, Monsieur, de choisir le moment à représenter dans le dessin. Je pense que le plus caractéristique serait le dernier épisode de la fable, celui où tous les paons, les uns traînant leur queue, les autres en la déployant, regardent dédaigneusement le dindon qui avance fièrement parmi eux. Vous pouvez mettre la scène sur la terrasse d'un château ou d'un palais, ou bien dans un beau jardin, les paons se promenant, ou restant perchés sur des balustrades, sur de grands vases.

Enfin, la fable intitulée *La Baleine et les Poissons* est accompagnée de cette lettre (le 11 mai 1868) :

Monsieur, je vous ai donné cette fable tout au long, afin que vous en approfondissiez toutes les nuances(!), toutes les situations(!) et que vous choisissiez ainsi l'instant le plus approprié pour votre composition: je vous laisse toute liberté d'allure, seulement, d'après moi, le moment à représenter serait celui où les poissons arrivent en masse près de la baleine: celle-ci devra être représentée à demi-corps, hors de la mer, lançant deux gerbes d'eau de ses naseaux. Il va sans dire que les vagues doivent être fort agitées par la tempête: dans le lointain, un ou deux vaisseaux en danger de naufrage: la pluie tombe, et un éclair sillonne le ciel. Dans un coin du tableau il faudra placer un rocher sortant de l'eau, etc... — Vous pourriez vous rendre chez un libraire de la ville et lui demander le livre de Monsieur Louis Figuier, traitant des poissons, reptiles, oiseaux, etc... Vous y puiseriez une foule de modèles de poissons pour le tableau, ainsi que des reptiles à introduire dans *Le Papillon et la Mare*, etc., etc.

Rapprochez du Numéro 6 du Catalogue de Monsieur Fourès: « Au pied d'une falaise très élevée est une énorme baleine. Des poissons très nombreux semblent attirés vers elle. »

L'intègre Bresdin répond, d'abord fort honnêtement, docilement, douloureusement:

Paris, le 18 avril 1868.

Mon cher Monsieur,

Je m'empresse de répondre à votre lettre, d'autant plus que je suis en retard sur le travail que je dois faire pour vous. Il serait plus avancé, si malheureusement le malheur ne se jouait de moi. Après les couches de ma femme, les yeux vinrent malades: depuis quelques jours, j'ai un rhumatisme aigu dans une épaule, avec atteinte dans l'autre. J'éprouve de telles douleurs qu'il m'a été impossible, depuis plus de huit jours, de faire quoi que ce soit. Ce qui fait que, malheureusement, vos dessins n'ont pas été plus avancés, et ne sont même pas commencés, sauf le frontispice où il y a encore beaucoup de travail à faire. Je vais un peu mieux, et vais me dépêcher de le terminer. Je n'ai donc pas encore, comme vous me le demandez, commencé la fable du *Diplomate et des Fourmis*. De plus, quant au frontispice, *j'y ai fait entrer toutes les choses que vous me demandez*...

Pour cent francs!

Le Mécène riposte par la commande d'un sixième dessin, lequel devra représenter « une réunion d'animaux tels que lion, tigre, léopard, ours, panthère, loups, rhinocéros, renard, etc... » (tout ça pour cinquante francs), et il annonce « des remaniements fort importants » dans *Le Diplomate et les Fourmis*.

Bresdin commence pourtant à se fatiguer de tout ce verbiage. Le 29 juin 1868, il écrit de Bordeaux :

Monsieur,

Vous n'avez pas compris ma lettre dernière... Je vous ai dit déjà plusieurs fois que cela m'était égal de faire tel ou tel sujet. Comme vous m'avez interrompu plusieurs fois pour me dire d'en référer à vous... ayant toujours des changements, des corrections à faire, ne soyez pas étonné si je n'avance pas, et si j'attends que vous me donniez, chaque fois, le sujet que vous préférez vous-même.

En réponse, l'auteur du *Diplomate* se fâche à son tour, se gonfle, fait le dindon, met en avant ses hautes relations qui eussent pu profiter à un Bresdin plus souple. Puis il s'amende: « Vous avez tort de vous fâcher, je n'ai pas eu l'intention de vous froisser... » — Et les travaux reprennent... et le bavardage :

Au moment même où ma lettre était à la poste, je m'aperçois de mon erreur en vous parlant de canard, au lieu de dindon, mais persuadé que vous ferez abstraction de cette confusion, je ne vous ai pas aussitôt écrit pour vous rassurer. Vous voilà maintenant fixé. — Puisque vous recommencez le dessin du *Papillon*, je me permets de vous adresser un projet de disposition... Souvenez-vous du ciel sans nuages, et quant au papillon, il devrait être légèrement posé sur l'eau, et comme se débattant et faisant des efforts pour sortir de la mare, sans se souiller au contact impur et suicidial (!) de l'eau corrompue, dans laquelle s'étale la belle fleur aux reflets d'albâtre, qui l'a tenté. Touts (*sic*) les animaux malfaisants ou autres que vous mettrez dans la mare, devront converger leur attention sur le papillon. Donnez aux saules des figures diaboliques, comme dans votre dessin de la *Comédie de la Mort*. La végétation, par opposition à la fleur qui, d'un beau blanc, s'étale, ou se dresse de la mare, devra paraître quelque peu fanée et desséchée. N'oubliez pas que la scène se passe pendant les chaleurs de l'été et dans un climat méridional...

J'ai transcrit ce petit procès par le menu, en l'élucidant de mon mieux, parce que, sous sa niaise apparence, il est fort édifiant; on lui pourrait donner comme épigraphe, cette réflexion d'un penseur contemporain : « Le monde nous est parfois révélé par ses interprètes les plus lourds. » Voyez cet amateur plus qu'inhabile et plus que tatillon, dont la vanité s'enfle à l'idée de se voir illustré par ce graveur, qui donne aux branches une physionomie; et le voilà, tel qu'un taon, autour de Bresdin, à le piquer de-ci de-là, des plus sottement dans la forme, des plus salutairement quant au fond, puisqu'il en résulte les beaux dessins de la Collection Capin, entre lesquels, particulièrement, celui des paons doit être admirable.

Maintenant le fol Thierry en a-t-il été pour ses avis; et pour un *sic vos non vobis* finalement murmuré?... En un mot, le *Recueil de Fables* a-t-il paru illustré, par Bresdin? Je l'ignore et j'en doute beaucoup; mais je laisse à quelque bibliophile vétilleur cette solution finale. Monsieur Aglaüs Bouvenne a publié un catalogue de l'œuvre gravé de Bresdin; il comprend 61 numéros et fait mention de trois des lithographies du livre de fables.

Je pourrais décrire encore quelques gravures admirées dans des collections étrangères; mais l'inspiration n'en diffère pas sensiblement de celles que nous avons examinées, et je ne veux pas étendre hors de proportion cette longue Étude.

* * *

Aux écrivains déjà mentionnés pour s'être occupés de Bresdin, il sied d'ajouter Cladel qui, dans *Urbains et Ruraux*, a consacré un chapitre à Bresdin, sous ce titre : *Sous-Cantonnier de l'Arc-de-Triomphe.* Paul Arène, dans *Un Vieil artiste*, le chapitre qu'à son tour il consacre à Bresdin, en son *Paris Ingénu*, certifie le fait qui sert de thème aux variations de Cladel : « En 1880, l'année du rude hiver... alors que, presque aveugle, il (Bresdin) était réduit, pour gagner sa vie, à raccommoder, sous son hangar ouvert à tous les vents, les outils des ouvriers occupés à balayer la neige des rues... » — Un petit article signé Nives, dans *L'Art Français* du 12 janvier 1878, fait discrètement appel à la charité, en faveur de Bresdin, et précise le détail : « Bresdin, l'auteur du *Bon Samaritain* et de la *Fuite en Égypte*, Bresdin est balayeur ! Vous avez bien lu, balayeur... » — *Væ victis*, dans un autre volume de Cladel : *Raca*, traite encore de Bresdin. Le 13 janvier 1885, Monsieur Henri Fouquier consacre, lui aussi, dans *L'Événement*, à la mémoire de Bresdin, un bienveillant commentaire.

Les éléments de ce travail étaient rassemblés, quand il m'a été donné d'apprendre l'existence, et de faire la connaissance de Mademoiselle Rodolphine Bresdin, fille aînée et préférée du graveur. Malgré les irréparables dissensions qui divisaient alors le ménage de ses parents, elle rendit à son père, dans Sèvres, une visite indiquée au cours de l'étude de Monsieur Fourès.

J'ai vu moi-même, chez Mademoiselle Bresdin, d'étonnants albums dont elle a patiemment et pieusement réuni les éléments divers. Lithographies et eaux-fortes s'y entremêlent de magnifiques dessins, dont, à mon sens, voici la provenance. Je ne tiens aucun d'eux pour un original proprement dit, et tel est aussi l'avis de Mademoiselle Bresdin.

Au moment de livrer un de ses dessins à la plume, l'auteur en prenait un calque aussi fouillé que le modèle, à en juger par ces spécimens. C'est une grande partie de ces calques dont la fille du graveur possède la collection Elle est extraordinaire, et peut, et doit servir de prétexte à réunir autour d'elle, quelque prochain jour, une exposition de l'œuvre de Bresdin, sur laquelle le moment est plus que venu d'attirer l'attention du public artiste.

Les dessins de Monsieur Capin, et ceux qu'on pourra çà et là se procurer dans quelques rares cabinets d'amateurs, formeront, avec les lithographies et les eaux-fortes prêtées par tel ou tel, un ensemble respectable quant au nombre, mais bien principalement, quant au prestige. Ce qu'on verra, dans ces dessins, ce seront les variations des thèmes que j'ai indiqués; mais infiniment plus précieuses; de vieilles villes aux pignons historiés et mystérieux, et dont les clochers, pareils à des index aigus et levés, semblent dévider des nuages, des montagnes, des défilés de maisons : et devant, et parmi, sous d'étranges parasols, des foules lilliputiennes, des forêts pleines d'horreur sacrée, des paysages hantés de guerriers : Schamyl, qui fut un héros de Bresdin ; de plus anciens combats : des chars Gaulois, la Bataille d'Ascalon.

Et sur l'eau, ce sont les mâts qui s'érigent, tels que les clochers de la verte et mouvante cité des vagues. — Puis au-dessus de toutes ces choses, la Mort planant, l'inévitable persuasive, l'universelle réconciliatrice que, sans nul doute, l'artiste envisage, selon la belle figure de Madame Valmore, comme

...cette cueilleuse d'âmes,
Ne les moissonnant pas pour en tuer les flammes
Mais pour les délivrer de leur lourd vêtement,
Comme on ôte le sable où dort le diamant.

Et le visiteur, souvent charmé, toujours fasciné, devant la révélation de ces dessins, qui n'ont d'équivalent que dans certains tracés médiumniques, de ces dessins que l'on comprend mieux en sachant que l'auteur restait parfois de longs moments à contempler les araignées tissant leur toile — s'ébahira une fois de plus au souvenir de celui qui fut l'Ixion du « moellon lithographique ». — « Je roule cette pierre depuis cinquante ans », a-t-il écrit sur un rocher qui occupe le centre d'une de ses compositions. Daniel qui habita, un temps, Rue Fosse-aux-Lions, mais qui, toute sa vie, fut livré aux bêtes. Artiste que Gautier eût rangé parmi ses *grotesques*, Vallès, parmi ses *réfractaires*, Verlaine, entre ses *maudits*, et que j'intitule, moi, le *Job du Burin*.

Quant à son caractère d'une pure rusticité bonasse et naïve, il l'assimile, sur de certains points, au Frère Junipère des *Fioretti*; au Saint Joseph de Cupertino des *Physionomies de Saints*.

J'ai, devant moi, deux portraits de Bresdin, en des temps meilleurs : l'un, une gravure de Monsieur Aglaüs Bouvenne, présente une tête de reître, à la barbe touffue, au crâne socratique, assez semblable au Verlaine des dernières années. L'autre, bien préférable, une photographie du bonhomme, assis, jambes croisées, en attitude familière sous son paletot de grosse étoffe, son pantalon à carreaux, sa pipette à la main, la tête débonnaire et volontaire, paysanne et fine.

Ixion a cessé de rouler sa pierre, à Sèvres, le 11 janvier 1885. Daniel s'est évadé hors de cette fosse aux lions. que fut pour lui l'existence humaine. Job a rendu le dernier soupir dans un grenier de quarante mètres de long, où il s'efforçait d'acclimater la Nature, et dont il affirmait avec orgueil, pour exalter les proportions d'un tel logis, qu'on ne saurait s'y asphyxier à moins de vingt-cinq francs de charbon !

Son voisin, Monsieur Henri Boutet, nous a légué une triste image de Bresdin sur son grabat de mort. C'est, en un coin de grenier sordide, un lit, plutôt un coffre en planchés; et dedans, la dépouille, une sorte de vieux marmot barbu et chauve, une poupée en guenilles, aux menottes non rejointes. La paillasse est houleuse, le lit trop court : des hardes y sont accrochées. Par terre, des sabots, une canne, une casserole, une caisse, un casque tonkinois, frappés de coups d'ombre et de clarté par une lumière de chandelle.

Ce dessin a été racheté, le 28 janvier 1891, Rue Drouot, dans la vente de Champfleury, qui a bien pu supporter la vue d'une telle image de *sa victime*; Champfleury qui, alors *Directeur de la Manufacture de Sèvres,* daigna suivre, en la compagnie de Messieurs Cladel, Bracquemont, Boutet, et de quelques terrassiers, le convoi de l'homme dont il était convaincu d'avoir fait la célébrité...

Il lui devait sa fortune.

ROBERT DE MONTESQUIOU.

TABLE DES GRAVURES

www.ingramcontent.com/pod-product-compliance
Ingram Content Group UK Ltd.
Pitfield, Milton Keynes, MK11 3LW, UK
UKHW021946260726
13994UKWH00004B/1569

9 782329 283692